TIME FOR KIDS

Mantenerse en forma con deportes

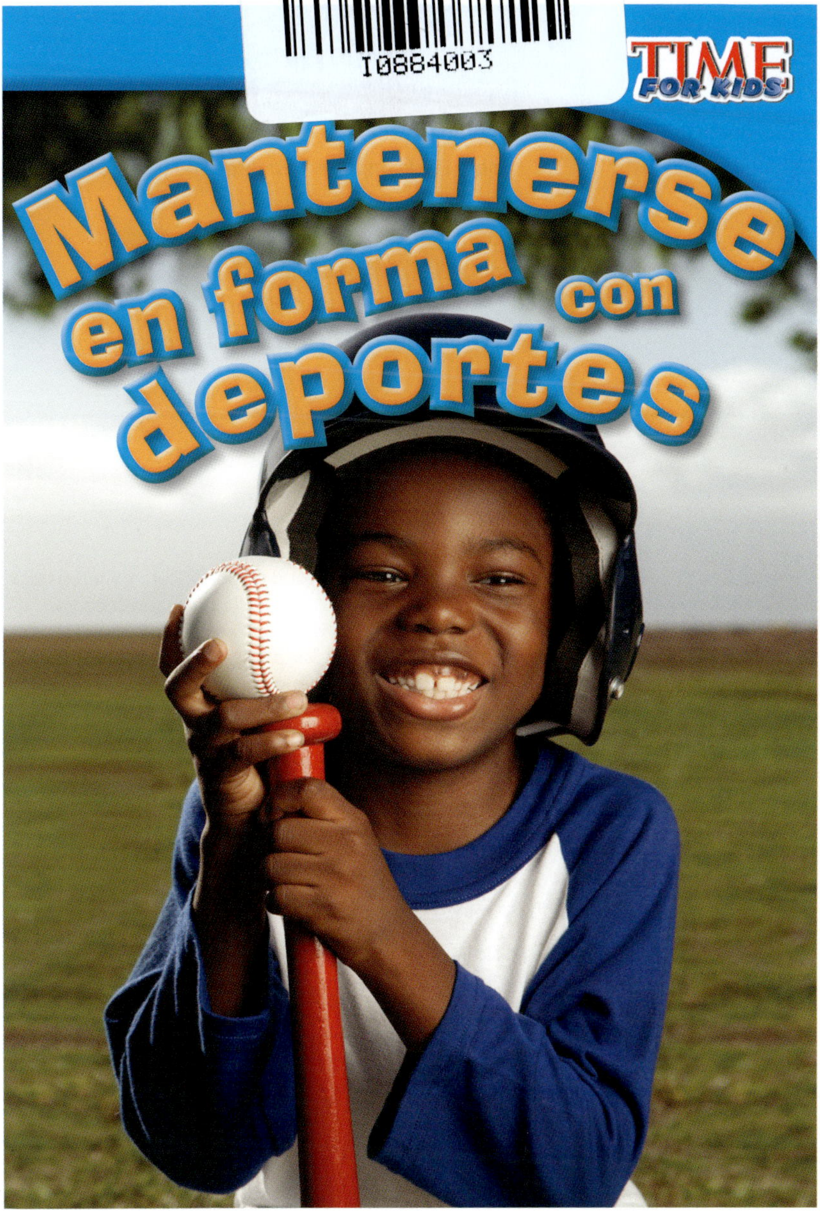

Dona Herweck Rice

Asesor

Timothy Rasinski, Ph.D.
Kent State University

Créditos

Dona Herweck Rice, *Gerente de redacción*
Robin Erickson, *Directora de diseño y producción*
Lee Aucoin, *Directora creativa*
Conni Medina, M.A.Ed., *Directora editorial*
Ericka Paz, *Editora asistente*
Stephanie Reid, *Editora de fotos*
Rachelle Cracchiolo, M.S.Ed., *Editora comercial*

Créditos de las imágenes
Cubierta Daniel Bendjy/iStockphoto; p.4 Gorilla/Shutterstock; p.5 Jules Studio/Shutterstock, greenland/Shutterstock; p.6 Stacy Barnett/Shutterstock, Wolfe Larry/Shutterstock; p.7 Getty Images; p.8 Amy Myers/Shutterstock; p.9 David Madison Sports Images/Hemera Tech; p.10 Bonnie Jacobs/iStockphoto, Le Do/Shutterstock; p.11 Jeff Thrower/Shutterstock, Alex Staroseltsev/Shutterstock; p.12 Juanmonino/iStockphoto, Denis Tabler/Shutterstock; p.13 Orla/iStockphoto; p.14 Margo Sokolovskaya/Shutterstock; p.15 ImagineGolf/iStockphoto; p.16 Photolibrary; p.17 Getty Images; p.18 Mandy Godbehear/Shutterstock; p.19 joeygil/bigstockphoto; back cover Mandy Godbehear/Shutterstock

Teacher Created Materials
5301 Oceanus Drive
Huntington Beach, CA 92649-1030
http://www.tcmpub.com

ISBN 978-1-4333-4429-9

Printed by: 590835
Printed in: Taiwan

Tabla de contenido

¡Ponte en forma! 4

Baloncesto 6

Fútbol americano 8

Fútbol 10

Béisbol 11

Natación 12

Patinaje 14

Atletismo 16

Karate 18

Palabras para aprender 20

¡Ponte en forma!

Los deportes son una excelente manera de mantener el cuerpo en forma.

Baloncesto

En el baloncesto, los jugadores anotan puntos cuando meten la pelota en la canasta.

¿Puedes lanzar una pelota? Quizás el baloncesto sea tu deporte.

Fútbol americano

El fútbol americano es un juego brusco pero divertido. Los jugadores usan cascos y almohadillas para protegerse.

¿Puedes correr sin que te agarren? El fútbol americano puede ser el deporte para ti.

Fútbol

El fútbol requiere pies ágiles. Los jugadores de fútbol usan los pies para patear la pelota. Si tienes pies ágiles, prueba el fútbol.

Béisbol

En el béisbol, los jugadores batean la pelota con un bate para anotar carreras.

¿Eres bueno para batear la pelota? Quizás deberías probar el béisbol.

Natación

La natación es una buena manera de mantenerte en forma. Algunas personas compiten cuando nadan. Algunas personas nadan sólo para divertirse.

¿Puedes aguantar la respiración debajo del agua? Quizás deberías ser un nadador.

Patinaje

El patinaje es un deporte que se puede practicar en equipo o solo.

La gente patina sobre el suelo o el hielo.

¿Puedes mantener el equilibrio? Quizás el patinaje sea el deporte para ti.

Atletismo

Hay muchos deportes que probar en el atletismo. Uno de ellos son las carreras.

La gente puede correr a pie y algunas personas corren en sillas de ruedas.

¿Puedes ir rápido? Quizás el atletismo sea para ti.

Karate

¿Puedes patear y dar una vuelta? Puedes ser un buen karateca.

El karate es bueno para tu cuerpo. Te hará fuerte.

Palabras para aprender

agarren
anotan
atletismo
baloncesto
batear
béisbol
brusco
carreras
cascos
deportes
en forma
equilibrio
equipo
fuerte
fútbol
fútbol americano
jugadores
karate
lanzar
natación
patear
patinaje
respiración
practicar
puntos
sillas de ruedas